Renate Sültz & Uwe H. Sültz

Kontrollbuch/Tagebuch/ Verbrauchsbuch von Strom/Gas/Wasser

BoD - Books on Demand

Norderstedt 2018

Bibliografische Information durch die Deutsche Nationalbibliothek

Die Deutsche Nationalbibliothek verzeichnet diese Publikation in der Deutschen Nationalbibliografie; detaillierte bibliografische Daten sind im Internet über http://dnb.dnb.de abrufbar.

Herstellung und Verlag:

BoD – Books on Demand, Norderstedt

ISBN 9-78374-6-02465-3

Strom-Zählernummer

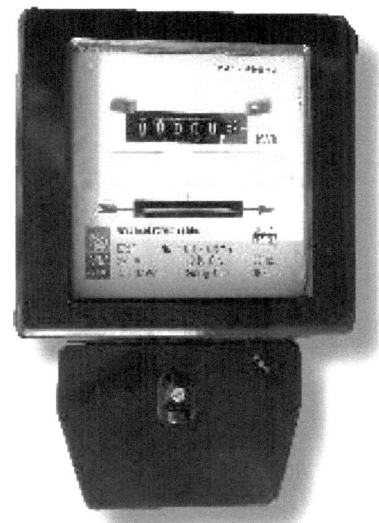

Gas-Zählernummer

Wasser-Zählernummer

Datum	Strom-Zählerstand in kWh	Gas-Zählerstand in m³	Wasser-Zählerstand in m³

Datum	Strom-Zählerstand in kWh	Gas-Zählerstand in m³	Wasser-Zählerstand in m³

Datum	Strom-Zählerstand in kWh	Gas-Zählerstand in m³	Wasser-Zählerstand in m³

Datum	Strom-Zählerstand in kWh	Gas-Zählerstand in m³	Wasser-Zählerstand in m³

Datum	Strom-Zählerstand in kWh	Gas-Zählerstand in m³	Wasser-Zählerstand in m³

Datum	Strom-Zählerstand in kWh	Gas-Zählerstand in m³	Wasser-Zählerstand in m³

Datum	Strom-Zählerstand in kWh	Gas-Zählerstand in m³	Wasser-Zählerstand in m³

Datum	Strom-Zählerstand in kWh	Gas-Zählerstand in m³	Wasser-Zählerstand in m³

Datum	Strom-Zählerstand in kWh	Gas-Zählerstand in m³	Wasser-Zählerstand in m³

Datum	Strom-Zählerstand in kWh	Gas-Zählerstand in m³	Wasser-Zählerstand in m³

Datum	Strom-Zählerstand in kWh	Gas-Zählerstand in m³	Wasser-Zählerstand in m³

Datum	Strom-Zählerstand in kWh	Gas-Zählerstand in m³	Wasser-Zählerstand in m³

Datum	Strom-Zählerstand in kWh	Gas-Zählerstand in m³	Wasser-Zählerstand in m³

Datum	Strom-Zählerstand in kWh	Gas-Zählerstand in m³	Wasser-Zählerstand in m³

Datum	Strom-Zählerstand in kWh	Gas-Zählerstand in m³	Wasser-Zählerstand in m³

Datum	Strom-Zählerstand in kWh	Gas-Zählerstand in m³	Wasser-Zählerstand in m³

Datum	Strom-Zählerstand in kWh	Gas-Zählerstand in m³	Wasser-Zählerstand in m³

Datum	Strom-Zählerstand in kWh	Gas-Zählerstand in m³	Wasser-Zählerstand in m³

Datum	Strom-Zählerstand in kWh	Gas-Zählerstand in m³	Wasser-Zählerstand in m³

Datum	Strom-Zählerstand in kWh	Gas-Zählerstand in m³	Wasser-Zählerstand in m³

Datum	Strom-Zählerstand in kWh	Gas-Zählerstand in m³	Wasser-Zählerstand in m³

Datum	Strom-Zählerstand in kWh	Gas-Zählerstand in m³	Wasser-Zählerstand in m³

Datum	Strom-Zählerstand in kWh	Gas-Zählerstand in m³	Wasser-Zählerstand in m³

Datum	Strom-Zählerstand in kWh	Gas-Zählerstand in m³	Wasser-Zählerstand in m³

Datum	Strom-Zählerstand in kWh	Gas-Zählerstand in m³	Wasser-Zählerstand in m³

Datum	Strom-Zählerstand in kWh	Gas-Zählerstand in m³	Wasser-Zählerstand in m³

Datum	Strom-Zählerstand in kWh	Gas-Zählerstand in m³	Wasser-Zählerstand in m³

Datum	Strom-Zählerstand in kWh	Gas-Zählerstand in m³	Wasser-Zählerstand in m³

Datum	Strom-Zählerstand in kWh	Gas-Zählerstand in m³	Wasser-Zählerstand in m³

Datum	Strom-Zählerstand in kWh	Gas-Zählerstand in m³	Wasser-Zählerstand in m³

Datum	Strom-Zählerstand in kWh	Gas-Zählerstand in m³	Wasser-Zählerstand in m³

Datum	Strom-Zählerstand in kWh	Gas-Zählerstand in m³	Wasser-Zählerstand in m³

Datum	Strom-Zählerstand in kWh	Gas-Zählerstand in m³	Wasser-Zählerstand in m³

Datum	Strom-Zählerstand in kWh	Gas-Zählerstand in m³	Wasser-Zählerstand in m³

Datum	Strom-Zählerstand in kWh	Gas-Zählerstand in m³	Wasser-Zählerstand in m³

Datum	Strom-Zählerstand in kWh	Gas-Zählerstand in m³	Wasser-Zählerstand in m³

Datum	Strom-Zählerstand in kWh	Gas-Zählerstand in m³	Wasser-Zählerstand in m³

Datum	Strom-Zählerstand in kWh	Gas-Zählerstand in m³	Wasser-Zählerstand in m³

Datum	Strom-Zählerstand in kWh	Gas-Zählerstand in m³	Wasser-Zählerstand in m³

Datum	Strom-Zählerstand in kWh	Gas-Zählerstand in m³	Wasser-Zählerstand in m³

Datum	Strom-Zählerstand in kWh	Gas-Zählerstand in m³	Wasser-Zählerstand in m³

Datum	Strom-Zählerstand in kWh	Gas-Zählerstand in m³	Wasser-Zählerstand in m³

Datum	Strom-Zählerstand in kWh	Gas-Zählerstand in m³	Wasser-Zählerstand in m³

Datum	Strom-Zählerstand in kWh	Gas-Zählerstand in m³	Wasser-Zählerstand in m³

Datum	Strom-Zählerstand in kWh	Gas-Zählerstand in m³	Wasser-Zählerstand in m³

Datum	Strom-Zählerstand in kWh	Gas-Zählerstand in m³	Wasser-Zählerstand in m³

Datum	Strom-Zählerstand in kWh	Gas-Zählerstand in m³	Wasser-Zählerstand in m³

Datum	Strom-Zählerstand in kWh	Gas-Zählerstand in m³	Wasser-Zählerstand in m³

Datum	Strom-Zählerstand in kWh	Gas-Zählerstand in m³	Wasser-Zählerstand in m³